Die schönsten

MORGENKREIS-IDEEN

für Krippenkinder

Impressum

ISBN: 978-3-96046-222-4

Praxisideen für die Krippe
Die schönsten Morgenkreisideen für Krippenkinder

Redaktion: Myriam Bork
Autorin: Monika Laut-Zimmermann
Gestaltung und Satz: DOPPELPUNKT, Stuttgart
Druck: Paper & Tinta, Nadma

Klett Kita GmbH
Rotebühlstr. 77
70178 Stuttgart
www.klett-kita.de

Kontakt
Telefon: 07 11 / 66 72 58 00
Telefax: 07 11 / 66 72 58 22
kundenservice@klett-kita.de

Bildnachweis

Gettyimages.de
S. 4: Tatiana Pogorelova, TopVectors, Lanaclipart | S. 5: Mayur Kakade | S. 6: SimonSkafar | S. 8: SolisImages | S. 14: Robert Pickett, Albert Fertl | S. 20: Anne Coatesy | S. 22: Veronika Oliinyk | S. 26: Layland Masuda | S. 32: elzauer | S. 33: Brett_Hondow, Marko Geber | S. 36: LeManna | S. 39: Ronnie Kaufman, Allika, art-baby | S. 42: istetiana | S. 44: Ambria Michelle | S. 52: sandra standbridge | S. 55: Lilian Henglein, Pusteflower9024 | S. 60: pixhook | S. 62: Mladen_Kostic | S. 64: USO | S. 71: SbytovaMN | S. 75: NoDerog, Halfpoint Images, YONCA60 | S. 78: Andrew_Howe | S. 79: furyphotographer

Cover: Adobestock/2xSamaracom

Umschlag: Gettyimages.de/SolisImages, Layland Masuda, Ambria Michelle, Mladen_Kostic

INHALT

Ein paar Worte vorab ... 5

Praxis-Tipps für einen gelungenen Morgenkreis ... 6

Zu diesem Buch ... 7

Kapitel 1: Frühling

Bewegungsspiel: Mistkäfers kleine Helferlein ... 10
Bewegungsgedicht: Guten Morgen, liebe Sonne ... 11
Lied: Die Frühlingssonne ... 12
Merkspiel: Kunterbuntes Frühlingsfest ... 13
Lied: Kennst du die Raupe Monika? ... 14
Frühlingsgedicht: Samen, groß und klein ... 16
Lied: Frühlingskonzert auf der Wiese ... 17
Bewegungsspiel: Kuckuck, such ein Nest ... 18
Bastelidee: Jeder Vogel braucht ein Nest ... 19
Entspannungsgeschichte: Kleine Schlafmützen ... 20
Bewegungsgedicht: Rattentanz ... 21
Klanggeschichte: Der grüne Frosch ... 22
Bewegungsspiel: Tierwürfel ... 23
Klanglied: Frühlingszeit ist Osterzeit ... 24
Bewegungslied: Gi-Ga-Gänschentanz ... 25

Kapitel 2: Sommer

Zählreim: Fünf kleine Schnecken ... 28
Bewegungsgedicht: Krebs Kuno ... 29
Bodenbild-Gedicht: Der Regenwurm ... 30
Konzentrationsübung: Zwei kleine Flöhe ... 31
Malgedicht mit Praxisidee: Der Regenbogen ... 32
Lied: Die Sommersonne ... 34
Tanzgedicht mit Praxisidee: Seifenblasentanz ... 35
Mitmachgeschichte: Bela wacht auf ... 36
Zahlenlied: Fünf kleine Feuerkäfer ... 37
Begrüßungslied: Guten Morgen, good morning, buon giorno ... 38
Lied: Sommer, Sommerzeit ... 40
Kreatividee mit Gedicht: Sommergewitter ... 41
Fühlspiel: Sommergemüse ... 42
Sinnesspiel: Sommerfarben ... 43

Kapitel 3: Herbst

Klatschspiel: Herbstwetter ... 46
Tanzgedicht: Hexentanz ... 47
Zählreim: Flug der Wildgänse ... 48
Lied: Was machen die Tiere im Herbst? ... 49
Bewegungsgedicht: Bunte Blätter überall ... 50
Sortierspiel: Gemüse-Zaubersprüche ... 51
Musizieren mit Naturmaterialien: Konzert im Herbstwald ... 52
Rezept mit Rätselreim: Leckere Herbstmarmelade ... 53
Spiellied mit Kreatividee: Herbstzeit ist Drachenzeit ... 54
Lied: Eichhörnchen im Herbst ... 56
Wahrnehmungsspiel: Kastanienbad ... 57
Spielidee: Dreimal Kürbis, bitte ... 58
Fingerspiel: Kartoffelernte ... 59
Bastelidee: Im Herbst ist Erntezeit ... 60
Anziehreim: Regen, Sonne, Wind ... 61

Kapitel 4: Winter

Reimgeschichte: Die Eisbärenkinder Schnick und Schnuck ... 64
Lied: Ich bau mir einen Schneemann ... 65
Kreatividee: Schnipsel-Schneemann ... 66
Merkspiel: Was trägt der Nikolaus in seinem Sack? ... 67
Bewegungsspiele: Auf dem ewigen Eis ... 68
Lied: Schneeflockentanz ... 70
Kreatividee: Schneeflocken aus Perlen ... 71
Lied: Hilfe für die Wintertiere ... 72
Wahrnehmungsspiel: Schneespaß für die Sinne ... 73
Bewegungsgeschichte: Schneeballschlacht im Winterwald ... 74
Lied: Im Winter ist es bitterkalt ... 76
Kreatividee: Ein Anhänger für den Tannenbaum ... 77
Klanglied: Es ist Winterzeit ... 78

Liebe Leserinnen und Leser,

kleine Kinder brauchen Wiederholungen. Sie geben ihrem Tag Struktur und vermitteln ein Gefühl von Sicherheit. Und genau hier setzt die Funktion des Morgenkreises an.

Das sich täglich wiederholende Ritual ist altbewährt. Dennoch wird es von einigen Pädagog:innen als veraltet angesehen und als nicht zeitgemäß kritisiert. Grund dafür ist das Bild einer erzwungenen Runde, welche zu den anderen Übergangssituationen als zusätzlicher Stressfaktor hinzukommt: Die Kinder müssen ihr Freispiel beenden, sitzen gelangweilt im Kreis und die Fachkräfte sind permanent dabei, für Ruhe zu sorgen.

Warum dann also doch Morgenkreis und wie gelingt die Gestaltung so, dass sowohl die Kinder wie auch die Fachkräfte Freude an dem Ritual haben?

Ein Tag in der Kita ist für alle Kinder, aber vor allem für Krippenkinder, voll von neuen Eindrücken und Herausforderungen. Manche Kinder kommen schon zeitig in die Kita und verbringen im Durchschnitt bis zu acht Stunden in der Einrichtung. Diese Zeit gilt es zu nutzen, um die Kinder pädagogisch zu begleiten und in ihrer individuellen Entwicklung zu fördern.

Durch gewohnte Abläufe und das immer wiederkehrende Erleben von Erfahrungen wird der Grundstein gelegt, Neues zu erlernen. Wiederholungen werden als eigene Erfahrungen erlebt sowie verinnerlicht und trainieren die Merkfähigkeit, erweitern den Wortschatz der Kinder und geben Sicherheit, bereits Erlerntes auch auszudrücken.

Führen Sie den Morgenkreis als ein festes, jedoch freiwilliges Ritual ein und geben Sie den Kindern Zeit, sich daran zu gewöhnen. Im Morgenkreis geht es darum, den Kindern durch feste Strukturen Sicherheit zu vermitteln und ihnen gleichzeitig neue Impulse zu geben. Bekanntes wird demnach wiederholt und Neues so eingeführt, dass die Neugierde der Kinder geweckt wird.

In diesem Buch finden Sie Praxis-Tipps und abwechslungsreiche Ideen, damit genau das gelingt. Bei der Umsetzung wünsche ich Ihnen viel Freude!

Ihre
Monika Lauf-Zimmermann

PRAXIS-TIPPS FÜR EINEN GELUNGENEN MORGENKREIS

- Laden Sie die Kinder rechtzeitig mit einem Signal zur morgendlichen Runde ein: Dies kann ein Gong, ein Musikinstrument oder auch ein Timer sein. Lange geübt, wissen die Kinder bereits beim ersten Ton, dass sie gleich etwas Spannendes erwartet.
- Führen Sie ein Symbol für den Morgenkreis ein: Das kann beispielsweise eine Kiste mit Fotos der Kinder oder anderen Schätzen sein. Wenn im Morgenkreis Neues entsteht, wird es der Kiste hinzugefügt.
- Partizipation beim Vorbereiten macht aus dem Morgenkreis ein gemeinsames Vorhaben: Jedes Kind kann sich ein Sitzkissen holen, Kinder können Materialien für den Morgenkreis zusammentragen und in die Mitte legen.
- Beginnen Sie den Morgenkreis mit einem Ritual: Beispielsweise können die Fotos der Kinder aus der Morgenkreiskiste geholt werden und alle überlegen gemeinsam, wie das Kind auf dem Foto heißt und ob es heute in der Kita ist. Dies schafft ein Gemeinschaftsgefühl für alle.
- Legen Sie in die Mitte des Morgenkreises ein Bodenbild (die Materialien dazu können bereits in der Schatzkiste sein): Für das Bodenbild eignen sich farbige Tücher, Naturmaterialien oder Materialien, welche in Liedern oder Spielen Verwendung finden.
- Passen Sie den Morgenkreis an die Stimmung der Kinder an: Ist der Bewegungsdrang der Kinder am Morgen sehr groß, so bieten sich Bewegungslieder, -spiele oder -gedichte eher an als ruhige Angebote.
- Achten Sie auf den zeitlichen Umfang: Ziehen Sie den Morgenkreis nicht in die Länge. Krippenkinder können bei einem 10-minütigen Morgenkreis gut mitmachen; bei älteren Kindern (ab 3 Jahren) kann ein Morgenkreis auch mal länger als 15 Minuten dauern.
- Holen Sie die Kinder thematisch ab, indem Sie sie regelmäßig beobachten: Was interessiert die Kinder momentan? Worüber reden sie gerne? Welche Themen und Gegenstände kommen bei ihnen immer wieder im freien Spiel vor? Greifen Sie diese auf und holen Sie die Kinder damit in ihrem Interessensbereich ab.
- Mitmachen erwünscht: Ermutigen Sie die Kinder dazu, im Morgenkreis mitzumachen und sich zu beteiligen. Hier gilt Partizipation, aber kein Zwang. Fühlen sich die Kinder in dem Kreis sicher, erzählen sie von selbst und machen beim Geschehen mit.
- Zu jedem Anfang gehört auch ein Ende: Finden Sie zum Beenden des Morgenkreises ein Ritual, wie beispielsweise ein abschließender Gongschlag oder ein Klatschrhythmus (Beispiel auf der nächsten Seite).

ZU DIESEM BUCH

Die Kinder entscheiden mit

Im vorliegenden Buch finden Sie Ideen für die Gestaltung Ihres Morgenkreises, thematisch nach Jahreszeiten sortiert. Fingerspiele, Lieder, Gedichte oder Spiele bringen Abwechslung in den Morgenkreis und laden die Kinder ein, mitzumachen.

Sind spezielle Lieder oder Spiele bei Ihren Kindern gut angekommen? Kopieren Sie die bebilderte Seite des Buches und legen Sie diese in die Mitte des Morgenkreises. Die Kinder können so wählen, was sie heute im Morgenkreis machen möchten. Seien Sie jedoch nicht enttäuscht, wenn die Kinder sich immer wieder dasselbe Spiel oder Lied wünschen. Im Gegenteil: Diese bekannten Wiederholungen geben Kindern die Sicherheit, mit der sie immer wieder begeistert mitmachen können.

Bodenbilder

Zur ansprechenden und stimmungsvollen Gestaltung des Morgenkreises eignen sich Bodenbilder. Wenn es thematisch passend ist, können die Kinder anhand des Bodenbildes bereits erraten, um welches Thema es gehen wird. In diesem Buch finden Sie immer wieder Anregungen für Bodenbilder. Manchmal als zusätzlichen Impuls oder direkt integriert in die Idee.

Eins, zwei, drei,
eins, zwei, drei,
unser Morgenkreis ist jetzt vorbei!

Vier, fünf, sechs,
vier, fünf, sechs,
Spielezeit ist jetzt!

Monika Laut-Zimmermann ist Facherzieherin für Integration und Sprache und leitet seit mehreren Jahren die Inklusionskita Colbestraße der Trägerin oXxymoron GmbH in Berlin.
Zudem ist sie als Autorin tätig: Neben Fachbeiträgen für Fachkräfte und Kita-Leitungen sind von ihr zahlreiche praktische Angebote wie Lieder, Mitmachgeschichten und Gedichte erschienen.

Frühling

MISTKÄFERS KLEINE HELFERLEIN

Alter: ab 1,5 Jahren
Dauer: 15 Minuten

Bewegungsspiel

MATERIAL

- Tennis-, Medizin- und Gymnastikbälle

Spielidee

In diesem Spiel verwandeln sich die Kinder in kleine Mistkäfer und räumen gemeinsam den Gruppenraum auf.

Vorbereitung

Verteilen Sie viele unterschiedliche Bälle im Gruppenraum: von kleinen Tennis-Bällen über schwere Medizin-Bälle bis hin zu großen Gymnastikbällen. Grenzen Sie einen Bereich des Gruppenraumes davon ab – dies ist der Mistkäfer-Bau, das Zuhause der kleinen fleißigen Käfer.

Los geht's

Nun haben die Mistkäfer-Kinder eine Menge zu tun. Denn jetzt heißt es: Alle Bälle werden in den Mistkäfer-Bau gerollt. Die Kinder können selbst aussuchen, ob sie die Bälle krabbelnd, laufend, allein oder gemeinsam in den Bau rollen.

Vielleicht stellen die Kinder fest, dass sich Teamwork auszahlt und ein großer Gymnastikball sich gemeinsam leichter in den Bau rollen lässt. Begleiten Sie das Spiel mit dem Gedicht im Kasten.

Fleißig ist er Tag und Nacht,
Mistkäfer, Mistkäfer, der immer sauber macht.
Auf Wald und Wiese, eins, zwei, drei,
eilt er zur Arbeit schnell herbei.
Als Kugeln rollt er den Mist hinfort
und bringt den Dreck an einen sicheren Ort.
Dort freuen sich die Mistkäfer-Kinderlein
über Mist und Dreck: Hm, der duftet ganz fein.

Funfact

Mistkäfer sind sehr wichtig für unsere Natur. Sie bringen den Dreck und den Kot unter die Erde. Dadurch versorgen sie ganz nebenbei die Erde mit wichtigen Nährstoffen, lockern den Boden auf und machen ihn dadurch fruchtbarer.

GUTEN MORGEN, LIEBE SONNE

Bewegungsgedicht

Alter: ab 1 Jahr
Dauer: 5 Minuten

Guten Morgen, guten Morgen, schaut nur, wie die Sonne lacht.

Mit den Fingern die Bewegung von Sonnenstrahlen machen.

Guten Morgen, guten Morgen, seid ihr alle auch schon wach?

Augen reiben andeuten.

Guten Morgen, guten Morgen, hört ihr schon,
wie sich Mäuselein necken?

Die Kinder nacheinander leicht kitzeln.

Guten Morgen, guten Morgen,
könnt ihr denn eure Beine und Arme strecken?

Beine und Arme strecken.

Guten Morgen, guten Morgen, hört ihr, wie die Vöglein singen?

Hände an die Ohren legen.

Guten Morgen, guten Morgen,
könnt ihr schon aus dem Bettchen springen?

Aufstehen und auf und ab hüpfen.

Guten Morgen, guten Morgen, wie sind wir alle froh!

Klatschen.

Guten Morgen, guten Morgen, wir sind jetzt alle wach
und wackeln mit dem Po!

Mit dem Po wackeln.

Tipp

Wenn die Kinder nicht gekitzelt werden möchten, können Sie das Kitzeln auch nur andeuten oder sich selbst kitzeln.

DIE FRÜHLINGSSONNE

Lied

Alter: ab 1 Jahr
Dauer: 5 Minuten

MATERIAL

- gelbes Tuch
- Bilder von Vögeln und Frühblühern
- Naturmaterialien

Wenn warme Sonnenstrahlen
kitzeln meinen Bauch,
kitzeln meinen Bauch,
geht der lange Winter
und die Kälte auch.

Mit der warmen Sonne
kehrt der Frühling ein,
kehrt der Frühling ein,
wachsen auf der Wiese
Blumen, groß und klein.

Und die kleinen Vöglein
fliegen aus dem Nest,
fliegen aus dem Nest,
feiern voller Wonne
ein großes Frühlingsfest.

Melodie: Alle meine Entchen

Bodenbild:

Legen Sie in die Morgenkreismitte ein gelbes Tuch (für die Sonne), darauf können Sie entweder Bilder von Frühblühern, Vögeln oder einem Vogelnest legen. Sie können aber auch Naturmaterialien nutzen.

KUNTERBUNTES FRÜHLINGSFEST

Merkspiel

Alter: ab 2,5 Jahren
Dauer: 15 Minuten

MATERIAL

- buntes Tuch
- Naturmaterialien
- Bild von einem Storchennest
- unterschiedliche Tierfiguren (Katze, Kuh, Schaf, Schwein etc.)
- 1 kleines Säckchen oder Pappkiste

Vorbereitung
Legen Sie die Tierfiguren in ein kleines Stoffsäckchen oder in eine Pappkiste. Breiten Sie für das Bodenbild ein buntes Tuch in der Kreismitte aus. Legen Sie darauf ein Bild von einem Storchennest. Dekorieren Sie nach Wunsch mit Naturmaterialien. Lesen Sie nun den Kindern die Geschichte „Das Storchennest" vor.

Die Festgesellschaft
Nun warten alle ganz gespannt auf die Gäste der Storchenfeier. Ziehen Sie nacheinander die Tierfiguren aus dem Säckchen/der Kiste, machen Sie das tierspezifische Geräusch und legen Sie das Tier dann auf das Bodenbild. Sie können Ihre Handlungen folgendermaßen sprachlich begleiten:

Miau, Miau: Wer kommt denn da? – Die Katze!
Miau, Miau, Muh, Muh: Wer kann das sein? – Die Katze und die Kuh!
Miau, Miau, Muh, Muh, Mäh, Mäh: Wer kommt? – Die Katze, die Kuh und das Schaf!
Miau, Miau, Muh, Muh, Mäh, Mäh, Grunz, Grunz: Wer ist denn da? – Die Katze, die Kuh, das Schaf und das Schwein!

Die richtige Reihenfolge
Können sich die Kinder merken, in welcher Reihenfolge die Gäste auf der Feier erschienen sind? Lassen Sie die Kinder die Tiere in der richtigen Reihenfolge benennen. Brauchen die Kinder Hilfe? Dann zeigen Sie auf die entsprechenden Bilder.

Das Storchennest

Im Frühling baut der Storch ein Nest,
aus Ästen, Stroh und Gras ganz fest.
Er freut sich so sehr auf sein großes Nest,
dass er nun macht ein Frühlingsfest.
Zur Feier lädt er alle ein,
Vögel, Tiere, groß und klein.
Die Feier geht nun endlich los,
schau ganz genau: Wer kommt da bloß?

KENNST DU DIE RAUPE MONIKA?

Lied

Alter: ab 1 Jahr
Dauer: 10 Minuten

MATERIAL

- farbiges Tuch
- Bilder einer Raupe, einer Schmetterlingspuppe und eines Schmetterlings

Bodenbild:

Breiten Sie das farbige Tuch in der Mitte des Kreises aus und platzieren Sie darauf die Bilder.

Tipp

Um den Kindern die Verwandlung von der Raupe zur Puppe bis hin zum fertigen Schmetterling erlebbar zu machen, können Sie Schmetterlingsraupen im Handel bestellen. Diese werden mit allem Zubehör geliefert, sind pflegeleicht und auch für Kitas im Alltag gut handhabbar. Hier können die Kinder die sogenannte Metamorphose beobachten, sich um die Raupen kümmern und zum Schluss gemeinsam die Schmetterlinge auf einer Wiese oder im Garten fliegen lassen.

Kennt ihr die Raupe Monika?
Knabbert hier und knabbert da ...
Raupe knabber hier, Raupe knabber da, Raupe knabbere dich satt.

Frisst hier ein Blatt und da ein Blatt,
dann ist sie rund und pappesatt ...
Raupe friss dich satt, Raupe friss dich satt, Raupe friss dich pappesatt.

Blüten, Knospen und noch mehr,
frisches Obst, das mag sie sehr ...
Raupe mag noch mehr, Raupe mag noch mehr, Raupe mag noch so viel mehr.

Ach liebe Raupe Monika,
nun ist ja gar kein Blatt mehr da ...
Raupe bist du satt, Raupe bist du satt, Raupe bist du pappesatt?

Nun ist die Raupe müde, ja,
schläft auf dem Ast, die Monika ...
Raupe schlaf nun gut, Raupe schlaf nun gut, Raupe schlaf dich richtig aus.

Die Monika, sie spinnt sich ein
und macht sich nun als Puppe klein.
Raupe spinn dich ein, Raupe spinn dich ein, Raupe spinn dich richtig ein.

Sie bleibt nun lang in ihrem Haus,
kommt dann als Schmetterling heraus.
Flieg nun weit hinaus, flieg nun weit hinaus, in die weite Welt hinaus.

Melodie: Die Vogelhochzeit

SAMEN, GROSS UND KLEIN

Frühlingsgedicht

Alter: ab 1 Jahr
Dauer: 10 Minuten

MATERIAL

- Unterlage
- Blumensamen
- kleine Töpfe mit Erde (1 Topf pro Kind)
- Gießkanne

Aus vielen Samen, groß und klein,
wächst irgendwann ein Blümelein.

Sie sitzen tief, tief in der Erde,
bis dass es draußen Frühling werde.

Und kommt die warme Sonne raus,
so keimt ein jeder Samen aus der Erde aus.

Zum Wachsen braucht das Blümchen Licht,
ein bisschen Wasser und Sonne – mehr nicht!

Aus jedem Samen, klitzeklein,
wächst erst ein Halm, ganz dünn und fein.

Und irgendwann ist's dann so weit:
Es blühen Blumen weit und breit.

In allen Farben siehst du sie blühn:
in Rot und Gelb und Blau und Grün.

Und so geht's

Legen Sie alle Materialien in die Kreismitte. Fragen Sie die Kinder, was sie heute in der Kreismitte sehen. Größere Kinder wissen vielleicht schon, was es mit den Utensilien auf sich hat. Lesen Sie den Kindern das Gedicht vor. Dabei können Sie schon eine Pflanzaktion vorführen. Zum Schluss kann jedes Kind Blumensamen in einen mit Erde befüllten Topf setzen. Gießen nicht vergessen. Die bepflanzten Blumentöpfe eignen sich wunderbar als Muttertagsgeschenk.

FRÜHLINGSKONZERT AUF DER WIESE

Lied

Alter: ab 1 Jahr
Dauer: 10 Minuten

MATERIAL

- unterschiedliche Orff-Instrumente

Und so geht's

Legen Sie die Orff-Instrumente in die Kreismitte. Jedes Kind darf sich nun ein Instrument aussuchen. Nehmen Sie sich selbst auch ein Instrument – so können Sie zeigen, wann die Instrumente einsetzen. Alle Instrumente setzen immer nur im Refrain ein. Wenn die Kinder etwas älter sind, können Sie sie auch in Tiergruppen einteilen, die dann ihren Einsatz haben, wenn das entsprechende Tier genannt wird.

Auf einer grünen Wiese zieht der Frühling ein,
es wollen alle Tiere zusammen draußen sein.

Refrain
Groß und klein, kommen sie raus,
jedes Tier aus Nest und Haus,
und singen nun zusammen mit viel Applaus.

Der Hase klopft die Trommel mit viel Radau,
und auch der kleinste Vogel spielt mit genau.

Refrain

Die grünen Frösche quaken laut nah und fern,
und summt auch jede Biene ein Liedchen gern.

Refrain

Melodie: Ein Männlein steht im Walde

KUCKUCK, SUCH EIN NEST

Bewegungsspiel

Alter: ab 2,5 Jahren
Dauer: 15 Minuten

MATERIAL

- mehrere farbige Gymnastikreifen
- Bälle in unterschiedlichen Farben (passend zu den Gymnastikreifen)
- Bild eines Kuckucks

Vorbereitung
Legen Sie die bunten Gymnastikreifen im Raum verteilt auf den Boden – sie sind die Vogelnester, in die der Kuckuck im Frühling die Eier legt. Bereiten Sie für jedes Kind mehrere farbige Bälle vor. Die Farben der Bälle müssen mit den Farben der Reifen übereinstimmen.

Die Kuckuckseltern
Die Kinder verwandeln sich nun in Kuckuckseltern. Sie möchten ihre Eier in fremde Nester legen. Dazu verteilen die Kinder ihre Bälle in die farblich passenden Gymnastikreifen. Helfen Sie kleineren Kindern bei der Farbzuordnung.

Welche Farbe passt wohin?
Lesen Sie vor Spielbeginn das Gedicht im Kasten zur Einstimmung vor. Zeigen Sie den Kindern das Bild eines Kuckucks, da der Vogel vielleicht nicht allen Kindern bekannt ist.

Kuckuck, Kuckuck, eil herbei,
leg in jedes Nest ein Ei.
Welche Farbe passt wohin?
Ist es richtig, so bleibt es drin.

Spielbeginn
Die Kinder hüpfen nun mit einem Ball reihum von Nest zu Nest und überlegen, ob ihr Ei farblich in das Nest passt. Passt es nicht, hüpfen sie weiter, bis sie das richtige Nest gefunden haben.

Sind die Kinder ihr Ei losgeworden, holen sie sich einen neuen Ball.

Funfact

Damit die Kuckuckseier im fremden Nest nicht verstoßen werden, passt das Kuckucksweibchen die Eierfarbe an die schon im Nest liegenden Eier an.

JEDER VOGEL BRAUCHT EIN NEST

Bastelidee

Alter: ab 2,5 Jahren
Dauer: 30 Minuten

MATERIAL

- Zweige
- Stöcke
- Gras
- Moos
- Blüten
- Kunstfedern
- Leim
- Pappteller
- Pinsel

Gesprächsrunde
Kommen Sie mit den Kindern ins Gespräch. Hat schon mal jemand ein Vogelnest in der Natur gesehen? Wo befinden sich Vogelnester meistens? Wer baut den kleinen Vögeln das Nest?

Lesen Sie gemeinsam das Gedicht im Kasten.

Ein Osternest
Das Vogelnest können die Kinder später als Osternest benutzen. So liegen dann zu Ostern Eier in dem Nest drin.

Ein Vogelnest bauen
Die Kinder dürfen sich bei dieser Idee als kleine Baumeister:innen versuchen und bauen ein Vogelnest nach.

Dafür legen Sie für jedes Kind einen Pappteller hin, den Sie mithilfe eines Pinsels mit Leim bestreichen. Nun können die Kinder ihr Nest so gestalten, wie sie es möchten. Dafür kleben sie auf die mit Leim bestrichene Fläche die bereitgelegten Materialien, wie Zweige, Stöcke, Moos, Blätter, Federn etc.

Vögelchen, Vögelchen, bau dir ein Nest,
das ist warm und sicher und fest.
Hol Stöckchen und Blumen und Gras,
das macht bestimmt auch richtig Spaß.

KLEINE SCHLAFMÜTZEN

Entspannungsgeschichte

Alter: ab 1,5 Jahren
Dauer: 10 Minuten

MATERIAL

- 1 Decke für jedes Kind
- 1 weiches gelbes Tuch
- 1 gelbe Feder
- 1 Teller für jedes Kind
- klein geschnittenes Obst

Es ist noch Winter und draußen ist es bitterkalt. Die Igelkinder schlummern tief und fest, eingekuschelt in ihren Nestern. Sie haben es sich auf Blättern, Moos und Gras gemütlich gemacht. Dort bleiben sie, solange es draußen noch kalt und nass ist.
Alle Igelkinder liegen eingekuschelt in ihrer Decke.

Plötzlich aber kommen die ersten Sonnenstrahlen. Sie scheinen auf die Igelnester und wärmen sie langsam auf.
Gehen Sie herum und streichen Sie jedem Kind mit einem weichen gelben Tuch über den mit der Decke bedeckten Körper.

Die Igelkinder bemerken die Wärme und recken und strecken sich. Erst werden die Igelbeinchen und dann die Arme lang gestreckt.
Die Kinder recken und strecken sich unter ihrer Decke.

Es wird nun immer wärmer draußen. Die Frühlingssonne kitzelt die Igelkinder an der Nase.
Kitzeln Sie die Kinder leicht mit der Feder an der Nase.

Jetzt ist es aber höchste Zeit, den Winterschlaf zu beenden und sich auf Nahrungssuche zu machen.
Die Kinder stehen auf und essen gemeinsam ihr Obstfrühstück.

Und so geht's

Die Kinder sind kleine Igel und befinden sich noch mitten im Winterschlaf. Jedes Kind sucht sich einen gemütlichen Platz und deckt sich mit einer dünnen Decke zu. Lesen Sie nun die Entspannungsgeschichte vor. Anschließend bekommt jedes Kind einen Teller mit klein geschnittenem Obst zum Naschen.

RATTENTANZ

Bewegungsgedicht

Alter: ab 2 Jahren
Dauer: 15 Minuten

MATERIAL

- Gymnastikmatten
- Instrumentalmusik (z. B. klassische Musik)
- Foto einer Ratte und eines Rattenrudels

Und so geht's

Legen Sie das Bild der Ratte und des Rattenrudels in die Kreismitte. Kennen die Kinder das Tier auf dem Foto? Hat jemand das Tier schon mal gesehen? Erklären Sie den Kindern, dass Ratten im Rudel leben und nicht gerne allein sind. Darum geht es in dem Bewegungsgedicht. Legen Sie eine Gymnastikmatte in die Kreismitte und machen Sie leise Musik an. Ein Kind darf die erste Ratte sein und lädt eine:n Freund:in zum Tanzen ein. Sprechen Sie gemeinsam mit den Kindern die Verse. Machen Sie so lange weiter, bis alle Kinder zum Tanzen aufgefordert wurden.

Eine kleine Ratte
tanzt auf einer Matte.
Ist nicht gern allein:
(*Name des gewählten Kindes*),
willst du mein/e Freund/in sein?

Eins, zwei

Zwei kleine Ratten
tanzen auf den Matten.
Sind nicht gern allein:
(*Name des gewählten Kindes*),
willst du unser/e Freund/in sein?

Eins, zwei, drei

Drei kleine Ratten
tanzen auf den Matten.
Sind nicht gern allein:
(*Name des gewählten Kindes*),
willst du unser/e Freund/in sein?

...

DER GRÜNE FROSCH

Klanggeschichte

Alter: ab 1 Jahr
Dauer: 10 Minuten

MATERIAL

- unterschiedliche Orff-Instrumente: Klangfrosch, Klanghölzer, Regenmacher, Guiro

Es quakt und quakt ein dicker Frosch,
es quakt im Teich ein grüner Frosch.
Klangfrosch spielen.

Es springt herum ein dicker Frosch,
es springt im Garten ein grüner Frosch.
Klanghölzer spielen.

Es schwimmt und schwimmt ein dicker Frosch,
es schwimmt im Wasser ein grüner Frosch.
Regenmacher spielen.

Es kriecht und kriecht ein dicker Frosch,
es kriecht im Garten ein grüner Frosch.
Guiro spielen.

Und so geht's

Legen Sie die unterschiedlichen Orff-Instrumente in die Kreismitte und zeigen Sie sie zunächst den Kindern. Lesen Sie dann die kleine Frosch-Geschichte vor. Benutzen Sie bei jeder Strophe ein anderes Orff-Instrument. Beim zweiten Durchgang dürfen die Kinder die Instrumente ausprobieren und sich mit ihnen vertraut machen.

TIERWÜRFEL

Bewegungsspiel

Alter: ab 2 Jahren
Dauer: je 15 Minuten

MATERIAL

- 1 großer Würfel mit Einstecktaschen
- 6 Fotos von Tieren (z. B. Küken, Hase, Pferd, Kuh)

Wie macht das Tier?
Stecken Sie die Tierfotos in die Einstecktaschen des Würfels. Gehen Sie mit den Kindern die sechs abgebildeten Tiere einmal durch. Wie heißen die Tiere? Welche Geräusche machen sie? Wie bewegen sie sich (fliegen, hüpfen, etc.)?

Das Spiel beginnt!
Nun kann das Spiel beginnen! Ein Kind würfelt und benennt das Tier. Jetzt verwandeln sich alle Kinder in dieses Tier und machen die passenden Geräusche und Bewegungen nach. Dann würfelt ein anderes Kind. Das Spiel endet, wenn die Kinder keine Lust mehr haben.

FRÜHLINGSZEIT IST OSTERZEIT

Alter: ab 2 Jahren
Dauer: 15 Minuten

Klanglied

Ein Häschen hüpft im Garten,
munter und froh.
Es mag nicht länger warten
im frischen Stroh.

Sag, was macht das Häschen dort?
Seid ganz still, sonst hüpft es fort.
Versteckt uns bunte Eier
an jedem Ort.

Da freun sich alle Kinder,
laufen herbei.
Vorbei ist nun der Winter,
mit Zauberei.

Sag, was macht das Häschen dort?
Seid ganz still, sonst hüpft es fort.
Versteckt uns bunte Eier
an jedem Ort.

Melodie: Ein Männlein steht im Walde

MATERIAL

- 1 Hülle eines Überraschungseis pro Kind
- Füllmaterial (z. B. Reis, Linsen, Erbsen, kleine Suppennudeln)
- Klebeband

Und so geht's

Lassen Sie die Kinder die leeren Hüllen der Überraschungseier befüllen. Dabei können verschiedene Materialien ausprobiert werden. Schließen Sie dann die Eier und machen Sie zur Sicherheit das Klebeband darum. Fertig ist ein Rassel-Ei. Wie hören sich die unterschiedlichen Eier an? Im Lied können die Kinder ihre Rassel-Eier direkt zum gemeinsamen Musizieren nutzen.

GI-GA-GÄNSCHEN-TANZ

Alter: ab 2 Jahren
Dauer: 10 Minuten

Bewegungslied

Ich tanz den Gi-Ga-Gänschen-Tanz in diesem Kreis herum, fidebum.
Ich tanz den Gi-Ga-Gänschen-Tanz in diesem Kreis herum.
Ich mach mich groß und strecke mich.
Ich mach mich klein, verstecke mich.
Ich tanz den Gi-Ga-Gänschen-Tanz in diesem Kreis herum.

Ich wackel mit meinem Gänschen-Po in diesem Kreis herum, fidebum.
Ich wackel mit meinem Gänschen-Po in diesem Kreis herum.
Ich mach mich groß und strecke mich.
Ich mach mich klein, verstecke mich.
Ich wackel mit meinem Gänschen-Po in diesem Kreis herum.

Ich watschel im Gi-Ga-Gänschen-Schritt in diesem Kreis herum, fidebum.
Ich watschel im Gi-Ga-Gänschen-Schritt in diesem Kreis herum.
...

Ich kreise meinen Gänschen-Bauch in diesem Kreis herum, fidebum.
Ich kreise meinen Gänschen-Bauch in diesem Kreis herum.
...

Melodie: Es tanzt ein Bi-Ba-Butzemann

Und so geht's

Singen Sie gemeinsam das Lied und machen Sie die dazugehörigen Bewegungen. Haben die Kinder eigene Bewegungsideen? Passen Sie dasLied daran an. Der Refrain bleibt immer gleich.

Sommer

FÜNF KLEINE SCHNECKEN

Alter: ab 1,5 Jahren
Dauer: 15 Minuten

Zählreim

MATERIAL

- 1 grünes Tuch
- 5 leere Schneckenhäuser

Fünf kleine Schnecken kriechen unter Hecken.
Kriechen hinter Ecken, spielen gern Verstecken.
Bis da kommt mit leisem Schritt
ein großer Storch – nimmt eine Schnecke mit.

Vier kleine Schnecken kriechen unter Hecken.
Kriechen hinter Ecken, spielen gern Verstecken.
Bis da kommt mit leisem Schritt
ein großer Storch – nimmt eine Schnecke mit.

Drei kleine Schnecken kriechen unter Hecken.
Kriechen hinter Ecken, spielen gern Verstecken.
Bis da kommt mit leisem Schritt
ein großer Storch – nimmt eine Schnecke mit.

Zwei kleine Schnecken kriechen unter Hecken.
Kriechen hinter Ecken, spielen gern Verstecken.
Bis da kommt mit leisem Schritt
ein großer Storch – nimmt eine Schnecke mit.

Eine kleine Schnecke kriecht unter Hecken.
Kriecht hinter Ecken, spielt gern Verstecken.
Bis da kommt mit leisem Schritt
ein großer Storch – nimmt die Schnecke mit.

Nun sind alle Schnecken weg,
unter Hecken, hinter Ecken, im Versteck.
Dann kommt der Storch mit leisem Schritt
bringt alle fünf Schnecken wieder mit.

Und so geht's

Legen Sie aus den Materialien ein Bodenbild. Halten Sie zu Beginn alle Finger einer Hand hoch. Knicken Sie nach jeder Strophe einen Finger ein und zählen Sie mit den Kindern, wie viele Finger noch übrig sind. Lesen Sie dann die nächste Strophe. Möchten die Kinder nochmal zählen? Lesen Sie die letzte Strophe vor und beginnen Sie von vorne. Alternativ können Sie auch die Schneckenhäuser zum Zählen nutzen.

KREBS KUNO

Bewegungsgedicht

Alter: ab 1,5 Jahren
Dauer: 10 Minuten

MATERIAL

- 1 blaues Tuch
- unterschiedliche Muscheln
- 1 Bild von einem Krebs

Krebs Kuno sucht ein neues Haus,
geht in die weite Welt hinaus.
Auf der Stelle laufen.

Er schaut mal fern und schaut mal nah,
schaut ganz genau – das ist doch klar!
Auf der Stelle laufen, Ausschau halten.

Er krabbelt seitwärts hier und dort,
sucht weiter nach dem passenden Ort.
Zwei Schritte nach links und zwei nach rechts gehen, Ausschau halten.

Ne Muschel soll's für Kuno sein,
nicht zu groß und nicht zu klein.
Auf der Stelle laufen, mit den Armen groß und klein zeigen.

Mit einer Öffnung vorne dran,
die Kuno auf- und zumachen kann.
Auf der Stelle laufen, eine imaginäre Tür auf- und zumachen.

Dort hinten, da blitzt es im Sonnenschein,
soll das ne Muschel für Kuno sein?
Auf der Stelle laufen, die Hand vor die Stirn halten.

Schnell flitzt Kuno hin und setzt sich rein,
genießt die Sonne, für sich ganz allein.
Alle setzen sich hin und ahmen Sonnenstrahlen nach.

Bodenbild

Legen Sie das blaue Tuch auf den Boden. Es symbolisiert das Wasser. Verteilen Sie darauf die Muscheln und das Bild des Krebses.

Funfact

Krebse laufen seitwärts sehr schnell: nach links und nach rechts. Sie können zwar auch vorwärtslaufen, jedoch nur sehr langsam. Krebse sind Einzelgänger und mögen es gern, allein in einer Muschel oder einem Schneckenhaus zu sitzen.

DER REGENWURM

Bodenbild-Gedicht

Alter: ab 1,5 Jahren
Dauer: 10 Minuten

MATERIAL

- 1 braunes oder schwarzes Tuch
- 1 roter oder rosafarbener Pfeifenputzer
- 1 Trommel
- grüne Blätter oder Kräuter

Im Sommer wartet jeder Wurm
unter der Erde ganz still auf Regen und Sturm.

Verstecken Sie den Pfeifenputzer unter dem Tuch.

Bis es oben am Himmel
blitzt und donnert mit Gebimmel.

Einmal auf die Trommel schlagen.

Und dann der Regen fällt – plitsch, platsch,
und alle Erde wird zu Matsch.

Mit den Fingern hoch und runter durch die Luft tanzen.

Dann kommt ein jeder Wurm aus seinem Haus,
ganz schnell aus seinem Erdenloch heraus.

Den Pfeifenputzer langsam hervorziehen.

Frisst und frisst dann Blatt für Blatt,
frisst sich kugelrund und satt.

Den Pfeifenputzer an den Blättern oder Kräutern „knabbern" lassen.

Und ist der Regen wieder weg,
so geht auch er in sein Versteck.

Den Pfeifenputzer wieder unter das Tuch legen.

Bodenbild

Legen Sie das Tuch als Boden in die Kreismitte. Der Pfeifenputzer ist der Regenwurm, auch er kommt zunächst auf das Tuch. Stellen Sie die Trommel dazu und verteilen Sie die Blätter oder Kräuter auf dem Tuch. Nutzen Sie das Bodenbild, um das Gedicht visuell zu begleiten.

Funfact

Regenwürmer mögen Hitze nicht: Ist es draußen trocken und heiß, verfallen sie in eine Art Sommerschlaf und harren unter der Erde, bis es wieder regnet und es sich oberhalb der Erde etwas abkühlt.

ZWEI KLEINE FLÖHE

Konzentrationsübung

Alter: ab 2 Jahren
Dauer: 15 Minuten

Zwei kleine Flöhe, **Zwack** und **Zwick**,
die können einen tollen Trick.
Sie hüpfen rauf und hüpfen runter
und sind dabei ganz froh und munter.

Erst hüpft der **Zwack** und dann der **Zwick**,
dann wieder **Zwack** und wieder **Zwick**.
Sie suchen hier und suchen da,
bis sie finden ein passendes Haar.

Das Hundehaar mag **Zwack** so sehr,
der **Zwick** dafür die Katzen mehr.
So hüpfen **Zwack** und **Zwick** den ganzen Tag,
so lange, bis keiner mehr mag.

Am Abend sind dann **Zwack** und **Zwick**
sehr müde von dem Hüpfe-Trick.
So schlafen **Zwack** und **Zwick**
und träumen von einem neuen Trick.

Und so geht's

Bei dieser Übung heißt es aufgepasst! Lesen Sie den Kindern das Gedicht vor. Immer wenn der Name **Zwack** genannt wird, müssen die Kinder aufstehen. Beim Namen **Zwick** setzen sie sich wieder hin. Die Kinder wünschen sich etwas Abwechslung? Überlegen Sie sich gemeinsam neue Bewegungen.

DER REGENBOGEN

Malgedicht mit Praxisidee

Alter: ab 2 Jahren
Dauer: 15 Minuten
(ohne Vorbereitung)

MATERIAL

- Papier und Buntstifte
- Tücher in den Regenbogenfarben

Ich male einen Regenbogen,
auf dem Blatt ein **roter** Strich gezogen.

Ich male einen Regenbogen,
auf dem Blatt ein **orangener** Strich gezogen.

Ich male einen Regenbogen,
auf dem Blatt ein **gelber** Strich gezogen.

Ich male einen Regenbogen,
auf dem Blatt ein **grüner** Strich gezogen.

Ich male einen Regenbogen,
auf dem Blatt ein **blauer** Strich gezogen.

Regenbogen, Regenbogen! Brauchst Sonne
und auch Regenwetter,
fliege hoch über Bäume und Blätter.

Praxisidee - Eiswürfelfarbe

MATERIAL: Wasser, Eisstiele, verschiedene Lebensmittelfarben, Eiswürfelbehälter

Mischen Sie mit den Kindern bunte Eiswürfelfarbe! Dafür einfach Wasser mit verschiedenen Lebensmittelfarben mischen und in einen Eiswürfelbehälter füllen. Jeder Eiswürfel sollte eine eigene Farbe haben. Anschließend noch Eisstiele hineinlegen. Das Ganze kommt dann für ein paar Stunden ins Gefrierfach. Mit den „Eisstiften" können die Kinder auf Papier, aber auch draußen auf dem Boden malen.

Und so geht's

Legen Sie aus den Tüchern einen Regenbogen. Kommen Sie mit den Kindern ins Gespräch: Wer hat schon mal einen Regenbogen gesehen? Wann und wo? Lesen Sie danach das Gedicht vor. Passend dazu malen die Kinder Strophe für Strophe einen Regenbogen. Nutzen Sie die Praxisidee für eine besondere Erfrischung an heißen Sommertagen.

DIE SOMMERSONNE

Lied

Alter: ab 1,5 Jahren
Dauer: 15 Minuten

Liebe Sonne, liebe Sonne,
komm heraus, komm heraus.
Es ist endlich Sommer, es ist endlich Sommer,
Sommerzeit, Sommerzeit.

Liebe Sonne, liebe Sonne,
schenk uns Licht, schenk uns Licht.
Es ist endlich Sommer, es ist endlich Sommer,
Sommerzeit, Sommerzeit.

Viele Blumen, viele Blumen
wachsen bunt, wachsen bunt.
Es ist endlich Sommer, es ist endlich Sommer,
Sommerzeit, Sommerzeit.

Viele Vögel, viele Vögel
zwitschern laut, zwitschern laut.
Es ist endlich Sommer, es ist endlich Sommer,
Sommerzeit, Sommerzeit.

Melodie: Bruder Jakob

MATERIAL

- 1 gelbes Tuch
- ausgedruckte Bilder von Sommerblumen und Vögeln

Bodenbild

Legen Sie das gelbe Tuch als Sonne in die Kreismitte und die Fotos drum herum.

Tipp

Singen Sie das Lied auch mit älteren Kindern und überlegen Sie gemeinsam, was im Sommer noch so passieren kann. Dichten Sie eigene Strophen. Vielleicht quaken viele Frösche am Teich oder es baden viele Kinder im See?
Der Fantasie sind keine Grenzen gesetzt.

SEIFENBLASENTANZ

Tanzgedicht mit Praxisidee

Alter: ab 1,5 Jahren
Dauer: 15 Minuten
(ohne Vorbereitung)

Seifenblase, Seifenblase, werde groß und stark,
Mit beiden Händen imaginäre Seifenblase formen.
steige in die Lüfte hoch, so wie ich das mag.
Hochhüpfen und mit den Armen nach oben zeigen.

Tanze, tanze mit dem Wind,
Beide Hände vor den Mund halten und pusten.
dreh dich in der Luft geschwind.
Auf der Stelle mal links- und mal rechtsherum drehen.

Zeig uns allen deinen Tanz,
An den Händen fassen und im Kreis tanzen.
ringsherum in vollem Glanz.
An den Händen fassen und im Kreis tanzen.

Seifenblase, Seifenblase, fang dich wieder ein.
Hände loslassen und imaginäre Seifenblase einfangen.
Seifenblase, Seifenblase, bist jetzt wieder mein.
Sich selbst umarmen.

Praxisidee – Seifenblasen selbst herstellen

MATERIAL: 300 ml destilliertes Wasser, 90 ml Spülmittel, 40 ml Maissirup, Pfeifenputzer, 1 Schüssel

Die meisten Kinder sind von Seifenblasen fasziniert. Mit dieser Idee können Sie ganz einfach selbst welche herstellen. Mischen Sie die Zutaten zusammen und lassen Sie sie vor Gebrauch mindestens eine Stunde ruhen. Bevor aus der Lauge Seifenblasen entstehen, rühren Sie sie noch einmal gründlich durch.
Formen Sie für den Blasring aus einem Pfeifenputzer einen Kreis. Befestigen Sie daran einen zweiten Pfeifenputzer als Stiel.

BELA WACHT AUF

Mitmachgeschichte

Alter: ab 1,5 Jahren
Dauer: 15 Minuten

Als Bela am Morgen aufwacht, scheint ihm die Sonne mitten ins **Gesicht**. Er ist noch müde und öffnet langsam seine **Augen**. Dann streckt er erst einen **Arm**, dann den anderen **Arm**. Auch Belas **Füße** werden langsam wach und wackeln fröhlich mit den **Zehen**.

Und schon kommt auch seine Mama ins Zimmer und gibt Bela liebevoll einen Kuss mitten auf die **Nase**. Da muss Bela lachen, streckt Mama frech die **Zunge** raus, springt mit beiden **Beinen** aus dem Bett und sagt ganz laut: „Mama, mein **Bauch** hat Hunger!“

Nun muss auch seine Mama lachen und streicht Bela sanft durch die **Haare**. „Dann machen wir beide uns jetzt ein leckeres Frühstück.“

„Au ja, Brot und Marmelade und Käse!“ Bela fährt mit der **Zunge** über seine **Lippen**: Frühstück mag er am liebsten!
Nach dem Frühstück gehen Bela und seine Mama ins Badezimmer.

Erst putzt Bela sich die **Zähne**, dann wäscht er sein **Gesicht** und die **Ohren**. Seine **Hände** hat er schon vor dem Frühstück gewaschen – jeden einzelnen **Finger**.

„Kita“, ruft Bela ganz laut und schnappt sich schon seinen Teddy, um loszuziehen.
„Aber halt!“, ruft Mama, „du bist doch noch gar nicht angezogen. Du brauchst noch eine Hose für die **Beine**, einen Pullover für den **Oberkörper**, Socken und Schuhe für die **Füße** und einen Sonnenhut für den **Kopf**!“

Schnell schlüpft Bela in seine Sachen. Fertig! Nun ist er bereit für einen sonnigen Kita-Tag.

Und so geht's

In dieser Geschichte geht es darum, seinen Körper zu kennen und Körperteile benennen zu können. Lesen Sie den Kindern die Geschichte vor. Dies kann sowohl im Sitzen als auch im Stehen erfolgen. Beim Nennen der Körperteile in der Geschichte können die Kinder diese entweder strecken, berühren oder darauf zeigen. Machen Sie selbst auch mit und helfen Sie so den jüngeren Kindern.

FÜNF KLEINE FEUERKÄFER

Zahlenlied

Alter: ab 1,5 Jahren
Dauer: 10 Minuten

Fünf kleine Feuerkäfer wollen wandern gehn.
Der eine sagt: „Ich bleibe hier!"
Da waren's nur noch vier.

Vier kleine Feuerkäfer brauchen eine Pause.
Der eine legt geschwind ein Ei,
dann waren's nur noch drei.

Drei kleine Feuerkäfer finden's richtig doof.
Nun gibt es eine Zankerei
und übrig bleiben zwei.

Zwei kleine Feuerkäfer sind nun ganz schön traurig.
Einer, der muss richtig weinen,
da gab es nur noch einen.

Ein kleiner Feuerkäfer fühlt sich da ganz einsam.
Darum zaubert er eins, zwei, drei,
die Käfer wieder herbei.

1, 2, 3, 4, 5 kleine Feuerkäfer

Melodie: 10 kleine Kinderlein

Funfact

Feuerkäfer, auch Feuerwanzen genannt, sind sehr gesellig und leben nicht gern allein. Daher treten sie oft in Scharen auf. Geht ihnen das Futter aus, so ziehen sie gemeinsam weiter.

GUTEN MORGEN, GOOD MORNING, BUON GIORNO

Begrüßungslied

Alter: ab 2,5 Jahren
Dauer: 15 Minuten

Wir sagen „**Guten Morgen**“
an alle, Groß und Klein.
Wir wollen heut zusammen
und nicht alleine sein.

Kommt nun alle in den Kreis,
wir singen heute laut und leis.
Kommt nun alle in den Kreis,
wir singen heute laut und leis.

Wir sagen heut „**good morning**“
an alle, Groß und Klein.
Wir wollen heut zusammen
und nicht alleine sein.

Kommt nun alle in den Kreis,
wir singen heute laut und leis.
Kommt nun alle in den Kreis,
wir singen heute laut und leis.

Melodie: Ich bin ein kleiner Tanzbär

Und so geht's

In der Kindergruppe kommen nicht selten viele Kinder und auch Erwachsene aus unterschiedlichen Kulturen oder mit verschiedenen Familiensprachen zusammen. Da ist es wichtig, allen Kindern und ihren Kulturen die nötige Wertschätzung und ausreichend Raum im Alltag zu geben. Mit diesem Lied können Sie einen ersten Schritt machen. Tauschen Sie einfach in jeder neuen Strophe das „Guten Morgen" mit der Begrüßung in einer anderen Sprache aus. Welche Sprachen sprechen die Kinder in Ihrer Gruppe?

Ein paar Beispiele für Begrüßungen in anderen Sprachen finden Sie hier:

Englisch: Good morning!
Italienisch: Buon giorno!
Rumänisch: Bună dimineața!
Türkisch: Günaydın!
Spanisch: Buenos dias!

Sommer, Sommerzeit

Lied

Alter: ab 1 Jahr
Dauer: 10 Minuten

Ja, ja, ja, die Sommerzeit ist da.
Warmes Wetter, Sonnenschein,
ja, so muss der Sommer sein.
Ja, ja, ja, die Sommerzeit ist da.

Ja, ja, ja, die Sommerzeit ist da.
Badehose, Sonnenhut,
das steht mir im Sommer gut!
Ja, ja, ja, die Sommerzeit ist da.

Ja, ja, ja, die Sommerzeit ist da.
Erdbeeren naschen, Eiscreme schlecken,
draußen spielen wir verstecken!
Ja, ja, ja, die Sommerzeit ist da.

Ja, ja, ja, die Sommerzeit ist da.
Sandburg bauen, schaukeln gehen,
rennen, hüpfen und sich drehen.
Ja, ja, ja, die Sommerzeit ist da.

Melodie: Summ, summ, summ

SOMMERGEWITTER

Kreatividee mit Gedicht

Alter: ab 2 Jahren
Dauer: 15 Minuten

MATERIAL

- Papier
- Fingerfarben
- 1 Trommel
- 1 Regenmacher
- Tücher in unterschiedlichen Blautönen
- Gerät zum Musikabspielen

Erzählrunde

Leiten Sie diese Kreatividee mit einer Erzählrunde ein. Haben die Kinder im Sommer schon mal ein Gewitter erlebt? Wie sah das aus? War es sehr laut? Wie hat es geklungen? Lassen Sie die Kinder berichten.

Ein Sommergewitter-Gedicht

Lesen Sie den Kindern das kleine Gedicht im Kasten vor. Begleiten Sie das Lesen mit der Trommel und dem Regenmacher. Im Anschluss dürfen die Kinder die beiden Instrumente mal ausprobieren.

Ein Gewitterbild

Jetzt darf jedes Kind ein eigenes Gewitter-Bild malen. Lesen Sie den Kindern beim Malen das kleine Gedicht nochmal vor. Vielleicht wird das eine oder andere Kind davon inspiriert. Sie können im Hintergrund auch den Sommer aus Antonio Vivaldis „Vier Jahreszeiten" laufen lassen, auch hier wird ein Sturm musikalisch umgesetzt.

Bodenbild

Breiten Sie zu Beginn Tücher in unterschiedlichen Blautönen in der Kreismitte aus und legen Sie darauf die Trommel und den Regenmacher.

Sommergewitter-Gedicht

Der Sommer ist heiß
und ein jeder weiß:
Wird es dunkel am Himmel,
dann kommt mit lautem Gebimmel
erst ein heller Blitz
und dann der laute Donner –
das ist kein Witz!

SOMMERGEMÜSE

Fühlspiel

Alter: ab 2 Jahren
Dauer: 15 Minuten

MATERIAL

- 1 Decke
- 2 Paprika (rot und gelb), Gurken, Möhren mit Möhrengrün, 1 Kohlrabi mit Grün, 1 Frühlingszwiebel, Radieschen, Tomaten
- (Kinder-)Messer
- 1 Schneidebrett
- Teller

Was siehst du hier?

Legen Sie das Gemüse aufgedeckt in die Kreismitte und lassen Sie die Kinder zu Wort kommen: Was sehen sie in der Kreismitte? Ist das Obst oder Gemüse? Haben die Kinder dieses Gemüse schon mal gegessen? Wie schmeckt es? Wie heißen die einzelnen Gemüsesorten?

Was fühlst du hier?

Haben Sie mit den Kindern über alle Gemüsesorten ausführlich gesprochen? Dann decken Sie alles zu und lassen die Kinder der Reihe nach unter die Decke tasten und ein Gemüse erfühlen. Können die Kinder das Erfühlte benennen? Oder möchten sie raten, was es ist? Wenn das Kind sich für eine Antwort entschieden hat, dann zieht es das Gemüse unter der Decke hervor und die Kindergruppe kann gemeinsam überlegen, ob die Antwort richtig war.

Was schmeckst du hier?

Wenn jedes Kind mindestens einmal an der Reihe war, waschen Sie alle gemeinsam das Gemüse gründlich durch und bereiten eine Rohkost-Gemüsestelle vor. Dafür schneiden Sie das Gemüse in kleine Stücke. Ältere Kinder können mit geeigneten Messern helfen.

Legen Sie alles auf Tellern bereit. Jetzt dürfen alle die unterschiedlichen Gemüsesorten probieren. Schmecken sie so, wie erwartet? Welches Gemüse schmeckt den Kindern am besten?

SOMMERFARBEN

Sinnesspiel

Alter: ab 1,5 Jahren
Dauer: 15 Minuten

MATERIAL

- verschiedenfarbiges Obst
- pro Farbe 1 Korb

Erst die Arbeit, dann das Vergnügen! So lautet ein bekanntes Sprichwort. Bei diesem Spiel macht schon die Arbeit sehr viel Spaß und wird obendrein mit einer fruchtigen Nascherei belohnt.

Vorbereitung

Legen Sie verschiedenfarbiges Obst in die Kreismitte. Beispiele dafür finden Sie unten im Kasten. Stellen Sie pro Farbe einen Korb bereit.

Los geht's

Jetzt sind die Kinder dran. Können Sie das gleichfarbige Obst je in einen Korb legen? So kommen beispielsweise Erdbeeren und Tomaten in einen Korb, eine gelbe Melone und gelbe Pflaumen in einen anderen Korb. Das Spiel endet, wenn das ganze Obst verteilt ist.

Leckere Nascherei

Nach dem Spiel dürfen die Früchte natürlich gegessen werden. Ob als Spieße, Stückchen oder Obstsalat – die Entscheidung können Sie gemeinsam treffen.

Rot: Erdbeeren, Tomaten

Orange: Aprikosen, Mirabellen

Gelb: gelbe Melone, gelbe Pflaumen

Grün: grüne Weintrauben, Kiwi

Blau: Blaubeeren, Zwetschgen, Brombeeren

Herbst

HERBSTWETTER

Klatschspiel

Alter: ab 2 Jahren
Dauer: 15 Minuten

MATERIAL

- 1 Tuch
- bunte Blätter

Da draußen geht ein **Wind**, **Wind**, **Wind**,
der pustet ganz **geschwind**, **-schwind**, **-schwind**.

Da fliegt ein jedes **Blatt**, **Blatt**, **Blatt**
durch die ganze **Stadt**, **Stadt**, **Stadt**.

Da ist die Stadt ganz **voll**, **voll**, **voll**,
das finden wir ganz **toll**, **toll**, **toll**.

Schön sind die bunten **Blätter**, **Blätter**, **Blätter**
und das **Regenwetter**, **-wetter**, **-wetter**.

Drum geht auch jedes **Kind**, **Kind**, **Kind**
nach draußen ganz **geschwind**, **-schwind**, **-schwind**.

Mit Stiefel und mit **Mütze**, **Mütze**, **Mütze**
ab durch jede **Pfütze**, **Pfütze**, **Pfütze**.

Bodenbild

Legen Sie ein Tuch in die Kreismitte und verteilen Sie darauf buntes Herbstlaub.

Und so geht's

Mit diesem Reim unterstützen Sie das Rhythmusgefühl der Kinder. Klatschen Sie und die Kinder bei jeder Silbe der sich **wiederholenden Wörter** in die Hände. Hat das gut funktioniert? Dann wiederholen Sie die Übung. Klatschen Sie diesmal abwechselnd in die Hände und auf die Oberschenkel.

HEXENTANZ

Tanzgedicht

Alter: ab 2 Jahren
Dauer: 15 Minuten

MATERIAL

- 1 LED-Teelicht pro Kind
- Musik

Pitsch und Patsch und Blitz und Donner,
vorbei ist er nun, der Sommer.
Pitsch und Patsch, es ist so weit,
jetzt kommt die bunte Herbstzeit.

Mit Kerzen und Laternen
leuchten wir zu den Sternen.
Und tanzen dann im Lichterglanz
den Kürbis-Hexen-Lichtertanz.

Hexe, Hexe, tanze mit,
rechts ein Schritt und links ein Schritt.
Tanze, tanze, eins, zwei, drei!
Wer ist beim Tanz noch mit dabei?

Und so geht's

Stellen Sie sich gemeinsam im Kreis auf. Wenn die Kinder mögen, machen Sie leise Musik an. Legen Sie vor jedes Kind ein LED-Teelicht auf den Boden. Dann geht es los.
Strophe 1: Alle fassen sich an den Händen und laufen im Kreis.
Strophe 2: Alle bleiben stehen. Jedes Kind nimmt sich ein LED-Teelicht und hält es hoch.
Strophe 3: Ein Kind darf mit seinem Teelicht in die Mitte. Während die Frage im letzten Vers gesprochen wird, holt es sich ein weiteres Kind in den Kreis.

Wiederholen Sie das Gedicht so oft, bis alle Kinder gemeinsam in der Mitte tanzen.

FLUG DER WILDGÄNSE

Zählreim

Alter: ab 2 Jahren
Dauer: 10 Minuten

MATERIAL

- Bild einer Wildgans
- Zählmaterial (z. B. Bauklötze)

Eins, zwei,
Wildgans, flieg vorbei.

Drei, vier,
im Sommer warst du hier.

Fünf, sechs,
flieg über Haus und Gewächs.

Sieben, acht,
fliegst nun Tag und Nacht.

Neun, zehn,
im Frühling werden wir uns wiedersehn!

Funfact

Woher wissen Zugvögel, wann sie sich auf die Reise machen müssen? Die Tiere bemerken, wenn die Tage immer kürzer werden. Dank dieser Veränderung können sie den richtigen Zeitpunkt für ihre Abreise bestimmen.

Zugvögel im Herbst

Im Herbst brechen die Zugvögel in wärmere Länder auf. Kennen die Kinder schon ein paar Zugvögel? Erklären Sie ihnen, dass die Vögel im Winter bei uns nur wenig Nahrung finden und deswegen davonfliegen und erst im Frühling zurückkommen. Auch die Wildgänse gehören zu den Zugvögeln. Zeigen Sie den Kindern das Bild einer Wildgans.

Eins, zwei, drei

Lesen Sie den Kindern den Reim (siehe Kasten) vor und zählen Sie mit den Fingern mit. Damit unterstützen Sie die Kinder beim Kennenlernen von Zahlen und Mengen. Legen Sie für die Kinder Zählmaterial, wie beispielsweise Bauklötze, bereit. Bei einem zweiten Durchgang können die Kinder mitzählen und mit den Materialien Mengen legen.

WAS MACHEN DIE TIERE IM HERBST?

Lied

Alter: ab 2 Jahren
Dauer: 15 Minuten

Nun ist die Herbstzeit endlich da, endlich da, endlich da,
nun ist die Herbstzeit endlich da, endlich da.

Und alle Tiere, groß und klein, groß und klein, groß und klein,
alle Tiere, groß und klein, machen sich bereit.

Sie sammeln für die Winterzeit, Winterzeit, Winterzeit,
sie sammeln für die Winterzeit Futter ein.

Der Braunbär sucht ganz viele Beer'n, viele Beer'n, viele Beer'n,
der Braunbär sucht ganz viele Beer'n – jeden Tag.

Der Igel baut ein warmes Nest, warmes Nest, warmes Nest,
der Igel baut ein warmes Nest, schläft dort ein.

Das Wildschwein frisst sich richtig satt, richtig satt, richtig satt,
das Wildschwein frisst sich richtig satt, pappe satt.

Und Storch und Kranich fliegen weg, fliegen weg, fliegen weg,
Storch und Kranich fliegen weg in ein warmes Land.

Mit Futter und dem warmen Nest, warmen Nest, warmen Nest,
mit Futter und dem warmen Nest sind sie bereit.

Melodie: Dornröschen war ein schönes Kind

BUNTE BLÄTTER ÜBERALL

Alter: ab 1,5 Jahren
Dauer: 15 Minuten

Bewegungsgedicht

MATERIAL

- 1 Tuch
- bunte Blätter

Der Herbst, der bringt uns Regenwetter

Die Finger in der Luft hoch- und runterbewegen.

und viele bunte Blätter.

Beide Hände über dem Kopf hin und her bewegen.

Orange und rot und gelb

Beide Hände über dem Kopf hin und her bewegen.

sind die Stadt und auch das Feld.

Hand an die Stirn legen und sich umschauen.

Puste, puste, lieber Wind,

Pusten.

bis alle Blätter am Boden sind.

In die Knie und wieder hochgehen, dabei Arme und Finger hoch- und runterbewegen.

Daraus baut der Igel ein Haus

Mit beiden Händen ein Haus zeigen.

und ruht sich darin im Winter aus.

Hände an den Kopf legen, schlafen.

Auch Kinder mögen Blätterhaufen

Großen Haufen zeigen.

zum Darinspielen, -toben und -raufen.

Sich hüpfend auf der Stelle drehen.

Lieber Herbst, jetzt bist du da,

Springen und beide Arme in die Luft werfen.

so bunt und schön wie jedes Jahr!

Springen und beide Arme in die Luft werfen.

Bodenbild

Legen Sie das Tuch in die Kreismitte und die bunten Blätter darauf.

GEMÜSE-ZAUBER-SPRÜCHE

Sortierspiel

Alter: ab 3 Jahren
Dauer: 15 Minuten

MATERIAL

- Kartoffeln, Möhren, Lauch, Brokkoli, Blumenkohl
- Bilder von jedem Gemüse

Gesprächsrunde

Wie viele Gemüsesorten kennen die Kinder schon? Lassen Sie das verschiedene Gemüse im Kreis herumgehen. Kennen die Kinder die passenden Namen? Haben Sie schon mal eine der Gemüsesorten probiert? Schmeckt ihnen etwas besonders gut oder mögen sie etwas nicht? Kommen Sie gemeinsam ins Gespräch.

Auf die Plätze, fertig, sortieren

Sobald die Kinder sich mit dem Gemüse vertraut gemacht haben, legen Sie die Bilder der Pflanzen im Kreis aus. Lesen Sie im Anschluss die Gemüse-Zaubersprüche vor. Nach jedem Zauberspruch haben die Kinder Zeit, das jeweilige Gemüse auf das passende Bild zu legen.

Gemüse-Zaubersprüche

Rolle, rolle, rolle,
die Kartoffel ist ne Knolle.

Pi-Po-Purzel,
die Möhre ist ne Wurzel.

Ene mene Spiegel,
der Lauch ist eine Zwiebel.

Brokkoli und Blumenkohl
sind Blüten und kein Kohl!

Was sind denn das für Gerüchte?
Die Kürbisse sind Früchte?

Wer hätte das gewusst?

KONZERT IM HERBSTWALD

Musizieren mit Naturmaterialien

Alter: ab 1,5 Jahren
Dauer: 15 Minuten

MATERIALIEN

- Stöcke
- Nüsse
- Rinde
- Eicheln
- Laub

Die Tiere geben ein Konzert,
mitten im grünen Walde!
Kinder macht auch mit, Kinder macht auch mit,
Kinder macht auch alle mit.

Den Rhythmus klopft der große Bär,
Stock an Stock, das ist nicht schwer.
Kinder macht auch mit, Kinder macht auch mit,
Kinder macht auch alle mit.

Zwei kleine Nüsse reibt die Maus
und erntet damit viel Applaus.
Kinder macht auch mit, Kinder macht auch mit,
Kinder macht auch alle mit.

Ganz leise raschelt, hört gut zu,
im Blätterlaub ein Uhu.
Kinder macht auch mit, Kinder macht auch mit,
Kinder macht auch alle mit.

Die Häschen klopfen auch dazu,
mit dem Fuß, das kannst auch du!
Kinder macht auch mit, Kinder macht auch mit,
Kinder macht auch alle mit.

Familie Eichhorn eilt hinzu,
mit Nuss und Eichel – hör gut zu!
Kinder macht auch mit, Kinder macht auch mit,
Kinder macht auch alle mit.

Bist du ganz leis und still im Wald,
so kannst du hören, wie es schallt.
Kinder macht auch mit, Kinder macht auch mit,
Kinder macht auch alle mit.

Melodie: Die Vogelhochzeit

Und so geht's

Singen Sie gemeinsam das Lied. Genau wie die Tiere musizieren die Kinder mit den Naturmaterialien. Dabei gibt es kein Richtig und Falsch. Hauptsache, alle haben Spaß!

LECKERE HERBSTMARMELADE

Rezept mit Rätselreim

Alter: ab 2 Jahren
Dauer: 20 Minuten
(ohne Kühlzeit)

ZUTATEN

- 1 Wassermelone, Minze, Gelierzucker ohne Kochen
- *Außerdem:* 1 kleines Gläschen pro Kind, (Kinder-)Messer, Schneidebretter, 1 Pürierstab, 1 große Schüssel

Vorbereitung
Schneiden Sie schon im Vorfeld das Fruchtfleisch aus der Melonenschale heraus. Das Fruchtfleisch können die Kinder dann mit passenden Messern klein schneiden. Entfernen Sie gemeinsam eventuell übrig gebliebene Kerne.

Pürieren
Die Melonenstücke werden zusammen mit dem Gelierzucker und der Minze in eine Schüssel gegeben. Pürieren Sie die Masse für ungefähr eine Minute gut durch.

In Gläser füllen
Die Marmelade kann nun direkt in die kleinen Gläschen gefüllt werden. Vor dem Verzehr etwa zwei Stunden kühl stellen. Einen Teil der Wartezeit können Sie nutzen, um mit den Kindern den Rätselreim zu sprechen. Welche Leckerei wird gesucht?

Süße Leckerei

Groß und grün und kugelrund,
herrlich süß in meinem Mund,
im Sommer und im Herbst,
da geht's nicht ohne,
die süße Leckerei ist die
(Melone)

HERBSTZEIT IST DRACHENZEIT

Spiellied mit Kreatividee

Alter: ab 1,5 Jahren
Dauer: 15 Minuten

Schöner kleiner Drache mein,
sitzt ganz still und stumm,
sitzt ganz still und stumm.
Bald nun zieht der Herbst mit ein,
in die weite Welt hinein.
Bald nun zieht der Herbst mit ein,
in die weite Welt hinein.

Drache flieg,
Drache flieg,
Drache flieg.

Pustet dann der Wind umher,
fliegst zur Tür hinaus,
fliegst zur Tür hinaus.
Kleiner Drache flieg umher,
hoch hinauf zum Wolkenmeer.
Kleiner Drache flieg umher,
hoch hinauf zum Wolkenmeer.

Drache flieg,
Drache flieg,
Drache flieg.

Melodie: Häschen in der Grube

Und so geht's

Singen Sie das Lied und laufen Sie dabei mit den Kindern im Kreis. Ein oder mehrere Kinder dürfen Drachen sein. Das Drachenkind oder die Drachenkinder setzen sich während der ersten Strophe geduckt in die Kreismitte. Sobald es heißt „Drache flieg", stehen sie auf und fliegen umher, bis das Lied zu Ende ist. Im Anschluss dürfen andere Kinder den oder die Drachen spielen.

Kreatividee – Ein Drachen aus Brotzeittüten

MATERIALIEN (pro Kind)

- 1 Brotzeittüte aus Papier, Kreppbänder, 1 Drachenschnur, Wasserfarben, Materialien zum Gestalten (z. B. bunte Blätter, Papierschnipsel), 1 Kleber, 1 Holzstiel, 1 Schere

Zunächst verzieren die Kinder ihre Brotzeittüten: Sie können angemalt und mit Papierschnipseln oder bunten Blättern beklebt werden. Dann können die Kinder an die Öffnung Kreppbänder kleben, die später beim Fliegen im Wind flattern. Zum Schluss schneiden Sie in die Mitte des Bodens der Brotzeittüten einen Schlitz. Durch den Schlitz wird die Schnur gezogen und anschließend verknotet. Das andere Ende der Schnur wird am Holzstiel befestigt. Schon können die Kinder ihre Drachen steigen lassen!

EICHHÖRNCHEN IM HERBST

Alter: ab 1 Jahr
Dauer: 20 Minuten

Lied

Eichhörnchen, sie sammeln für die harte Winterzeit,
damit sie Futter haben, bevor es draußen schneit.
Auch bei Blitz und Donner, im Herbst und auch im Sommer:
Nüsse, Eicheln und viel mehr, das finden sie nicht schwer.
Nüsse, Eicheln und viel mehr, das finden sie nicht schwer.

Eichhörnchen, sie sammeln für die harte Winterzeit,
damit sie Futter haben, bevor es draußen schneit.
Auch bei Regenwetter, verstecken unter Blättern:
Nüsse, Eicheln und viel mehr, das finden sie nicht schwer.
Nüsse, Eicheln und viel mehr, das finden sie nicht schwer.

Eichhörnchen, sie sammeln für die harte Winterzeit,
damit sie Futter haben, bevor es draußen schneit.
Und scheint auch mal die Sonne, verstecken sie mit Wonne:
Nüsse, Eicheln und viel mehr, das finden sie nicht schwer.
Nüsse, Eicheln und viel mehr, das finden sie nicht schwer.

Eichhörnchen, sie sammeln für die harte Winterzeit,
damit sie Futter haben, bevor es draußen schneit.
Und ist der Winter da, so suchen sie, na klar:
Nüsse, Eicheln und viel mehr, das finden sie nicht schwer.
Nüsse, Eicheln und viel mehr, das finden sie nicht schwer.

Melodie: Kleine Igel schlafen gern

KASTANIENBAD

Wahrnehmungsspiel

Alter: ab 2 Jahren
Dauer: 15 Minuten

MATERIAL

- viele Kastanien mit und ohne Schale
- 2 Tücher
- Kastanienblätter
- 1 kleiner aufblasbarer Pool oder 1 kleine Wanne
- Naturschätze zum Suchen

Wie heiß ich denn?

Grüne Kugel, runder Bauch,
und Stacheln wie ein Igel hab ich auch!
Falle jeden Herbst vom Baum,
freu mich drauf, dass glaubst du kaum.

Wenn du mich findest, trau dich doch,
fass mich an und nimm mich hoch,
nimm mich mit zu dir nach Haus,
pack mich aus der Schale aus.

Peng, pass auf, da spring ich raus,
raus aus meinem Stachelhaus!
Rund und braun, so sehe ich aus.
Wie heiße ich denn? Kennst du dich aus?

Vorbereitung
Legen Sie ein Tuch in die Kreismitte und breiten Sie darauf ein paar Kastanien und Kastanienblätter aus. Decken Sie alles mit dem zweiten Tuch zu. Befüllen Sie eine Wanne oder einen kleinen aufblasbaren Pool mit den restlichen Kastanien. Die Kinder sollten die Wanne bzw. den Pool vorher nicht sehen.

Rätsel
Lesen Sie im Morgenkreis den Rätselreim vor. Wissen die Kinder, was hier beschrieben wird? Zur Hilfe können sie unter dem Tuch die Kastanien ertasten. Decken Sie das Bodenbild zum Schluss auf.

Ein Kastanienbad
Jetzt können die Kinder das Kastanienbad nach Herzenslust erkunden. Vielleicht möchte sich jemand ja reinlegen. Wie fühlt sich das an? Alternativ können Sie auch Naturschätze zwischen den Kastanien verstecken, die die Kinder dann suchen dürfen.

DREIMAL KÜRBIS, BITTE

Alter: ab 2 Jahren
Dauer: je 15 Minuten

Spielidee

Kürbisse im Vergleich

MATERIAL: unterschiedliche Kürbisse, Personenwaage, kleine Steine

Lassen Sie die Kinder die unterschiedlichen Kürbisse kennenlernen. Wissen die Kinder, was sie da vor sich haben? Wie fühlen sich die Kürbisse an? Wie schwer sind sie? Riechen sie nach etwas? Nach diesem ersten Kennenlernen können die Kinder die Kürbisse der Größe nach sortieren. Gelingt ihnen das?

Ältere Kinder können erst die Kürbisse und dann sich selbst auf einer Personenwaage wiegen. Wer wiegt mehr? Nutzen Sie kleine Steine, um den Kindern die Mengenverhältnisse zu verdeutlichen. Wiegt ein Kürbis beispielsweise 2 Kilogramm, legen Sie zwei Steine hin.

Kürbisrollen

MATERIAL: unterschiedliche Kürbisse

Die Kinder machen es sich im Kreis bequem und rollen sich gegenseitig die Kürbisse zu. Welcher Kürbis rollt besonders gut? Welcher rollt besonders schlecht?
Das Spiel eignet sich auch wunderbar zum Kennenlernen: Die Kinder sagen immer den Namen der Person, zu der sie den Kürbis rollen.

Kürbisgesichter

MATERIAL: 1 Pappteller pro Kind, orangene Fingerfarbe, Kleber, Dekomaterial (z. B. Papierschnipsel, Wackelaugen)

Was wäre der Herbst ohne Kürbisgesichter? Hier können die Kinder ganz einfach welche gestalten. Jedes Kind erhält dafür einen Pappteller, den es mit orangener Fingerfarbe bemalt. Die Farbe wird kurz trocknen gelassen. Danach können die Kinder aus unterschiedlichem Dekomaterial lustige Gesichter gestalten.

KARTOFFELERNTE

Fingerspiel

Alter: ab 1 Jahr
Dauer: 10 Minuten

Fünf kleine Kartoffeln sind endlich so weit,
groß und reif, sind sie zum Ernten bereit.

Faust hochhalten.

Sie möchten endlich alle raus,
raus aus ihrem dunklen Haus.

Faust hochhalten.

Ein Häschen gräbt mit viel Radau
und nimmt die Erste mit in seinen Bau.

Daumen ausstrecken.

Die Zweite gräbt ein Rehkitz aus
und freut sich auf den leckeren Schmaus.

Daumen und Zeigefinger ausstrecken.

Die Dritte nimmt die kleine Maus
und bringt sie schnell zu sich nach Haus.

Daumen, Zeigefinger und Mittelfinger ausstrecken.

Die Vierte zieht ein Maulwurf lang,
hinab in seinen dunklen Gang.

Daumen, Zeigefinger, Mittelfinger und Ringfinger ausstrecken.

Die Fünfte, die ganz kleine,
schnapp sie dir – das ist doch deine!

Alle Finger ausstrecken.

Funfact

Rohe Kartoffeln sind für Menschen und Haustiere tabu. Für Wildtiere, wie Rehe, Hirsche und andere Wiederkäuer, sind sie jedoch eine wahre Delikatesse. Im Gegensatz zu Hund und Katze können sie rohe Kartoffeln nämlich vollständig verdauen.

IM HERBST IST ERNTEZEIT

Bastelidee

Alter: ab 2,5 Jahren
Dauer: 15 Minuten

MATERIAL

- 2 Körbe
- unterschiedliches Herbstgemüse und -obst (alternativ: Bilder von Obst und Gemüse)
- 2 große Papierbögen
- Prospekte
- Kleber
- Scheren

Was bin ich?
Legen Sie die zwei Körbe sowie das Obst und Gemüse in die Kreismitte. Nun dürfen die Kinder nacheinander zu Wort kommen und erzählen, ob sie wissen, was da liegt. Das Kind, das gerade dran ist, geht in die Mitte, nimmt etwas und darf es benennen. Weiß das Kind, ob es Obst oder Gemüse in der Hand hat? Helfen Sie, wenn nötig.

Plakate basteln
Haben die Kinder Lust, sich näher mit dem Thema Obst und Gemüse zu beschäftigen? Dann gestalten Sie mit ihnen zwei Plakate: eins für Obst und eins für Gemüse. Lassen Sie die Kinder dafür aus Prospekten Obst und Gemüse ausschneiden. Sortieren Sie gemeinsam, was auf welches Plakat muss, und kleben Sie es auf.

Mit den Plakaten können Sie den Gruppenraum dekorieren. Auf diese Weise können die Kinder sich immer wieder damit beschäftigen.

Funfact

Bei Obst handelt es sich um die Früchte und Samen von mehrjährigen Sträuchern und Bäumen. Sie entwickeln sich dort aus bestäubten Blüten. Bei Gemüse hingegen handelt es sich um Pflanzen, bei denen Wurzeln oder Blätter gegessen werden können. Die Erntezeit ist zudem sehr viel kürzer als bei Obst. Ist eine Gemüsepflanze einmal gesetzt, dann stirbt sie normalerweise nach spätestens zwei Jahren ab.

REGEN, SONNE, WIND

Anziehreim

Alter: ab 2 Jahren
Dauer: 15 Minuten

MATERIAL

- Anziehsachen der Kinder
- 1 Kiste

Und so geht's

Allein anziehen will geübt sein! Legen Sie die Anziehsachen der Kinder in eine Kiste: Jacken, Schals, Mützen. Besprechen Sie im Morgenkreis mit den Kindern, wie das Wetter heute ist. Scheint die Sonne? Regnet es? Weht ein kalter Wind? Was, würden die Kinder sagen, müssen sie anziehen, bevor es nach draußen geht? Lesen Sie den Kindern den Anziehreim vor und holen Sie die passenden Kleidungsstücke aus der Kiste. Die Kinder können im Morgenkreis ganz in Ruhe üben, sich allein anzuziehen. Sind alle fertig? Dann ab nach draußen!

Will ich heut im Garten sein,
muss ich angezogen sein.

Doch was zieh ich am besten an?
Welches Wetter ist heut dran?

Regen, Sonne, Wind,
das Passende such ich geschwind.

In der Garderobe, Groß und Klein
schlüpfen in die Hosen rein.

Dann ist meine Jacke dran,
die ziehe ich ganz alleine an.

Mütze, Cappy oder Hut
steht mir so richtig gut.

Rechts und links der richtige Schuh
kommt zu meinen Sachen hinzu.

Nun bin ich fertig – es geht los,
hab ich allein gemacht, bin ja schon groß!

Winter

DIE EISBÄRENKINDER SCHNICK UND SCHNUCK

Reimgeschichte

Alter: ab 2 Jahren
Dauer: 10 Minuten

Die zwei Eisbärkinder **Schnick** und **Schnuck** sind endlich groß und alt genug. So denken **Schnick** und **Schnuck**: „Es ist so weit! Wir wollen raus, die Welt anschauen – es wird Zeit!"

Tief und fest schläft Mama noch. So graben **Schnick** und **Schnuck** ein großes Loch. Raus aus der Höhle wollen sie. Die Sonne sahen **Schnick** und **Schnuck** noch nie.

Erst **Schnick**, dann kommt auch **Schnuck** heraus: Nun sind sie beide aus der Höhle raus. „Die Welt ist schön", sagt **Schnick**. „So voller Eis und Schnee", meint **Schnuck** und nickt.

Beide tapsen durch den Schnee: Da haben **Schnick** und **Schnuck** eine Idee!
Sie rutschen einen Hang hinunter, das macht **Schnick** und **Schnuck** so richtig munter.

Doch was für ein Schreck für die Eisbärenmama: Kein **Schnick**, kein **Schnuck** in der Höhle, welch Jammer!
Arme Eisbärenmama – oh weh! Sieht weder **Schnick** noch **Schnuck** im weißen Schnee.

Sie schaut nach **Schnick** und schaut nach **Schnuck**. Dann spürt sie einen sanften Ruck!
Da merkt sie, wer da angerollt, den kleinen Hang hinuntertollt.
So ist die Freude riesengroß, **Schnick** und **Schnuck** landen weich auf Mamas Schoß.

Und so geht's

Schnick: aufstehen und klatschen
Schnuck: hinsetzen und auf die Oberschenkel patschen

ICH BAU MIR EINEN SCHNEEMANN

Lied

Alter: ab 2 Jahren
Dauer: 10 Minuten

Ich bau mir einen Schneemann,
ganz dick und rund.
Mit einer großen Nase
und rotem Mund.

Refrain:
Kleiner Schneemann, gib gut acht,
wenn die Sonne wieder lacht!
Dann schmilzt du auf der Stelle –
vorbei ist deine Pracht.

An seinen dicken Bauch
mach ich Knöpfe dran.
Zwei Augen braucht der Schneemann,
auch die kommen dran.

Refrain

Zum Schluss, da kriegt mein Schneemann
als Arm nen Stock.
So stolz steht da mein Schneemann
im weißen Rock.

Refrain

Was fehlt denn noch dem Schneemann?
Ein Hut auf dem Kopf!
Natürlich darf nicht fehlen
der alte Topf!

Refrain

Nun tanzen alle Kinder
um den Schneemann,
wie schön ist doch der Winter,
so dann und wann!

Refrain

Melodie: Ein Männlein steht im Walde

SCHNIPSEL-SCHNEEMANN

Kreatividee

Alter: ab 2 Jahren
Dauer: 15 Minuten

MATERIAL

* Tonpapier (blau, weiß, orange, braun)
* Kleber
* 3 Schalen
* Bleistifte

Schneemann ohne Schnee

Die Kinder wollen unbedingt einen Schneemann bauen, aber es liegt noch kein Schnee? Kein Problem! Mit dieser Idee hat am Ende jede:r einen eigenen Schneemann und muss dafür nicht mal den warmen Gruppenraum verlassen.

Ritsch, ratsch, Schnipsel

Der Schnipsel-Schneemann ist ganz schnell gemacht. Zunächst reißen die Kinder aus weißem, orangenem und braunem Tonpapier Schnipsel. Die Schnipsel legen sie farblich sortiert in drei Schalen.

Ein Schneemann entsteht

Jetzt kleben die Kinder aus den weißen Schnipseln einen Schneemann auf das blaue Tonpapier. Die orangenen können sie für die Nase nutzen, die braunen für die Knöpfe, Augen und den Hut. Vielleicht hat der Schneemann ja auch einen Besen in der Hand?

Zur visuellen Unterstützung können die Kinder den Schneemann erstmal mit einem Bleistift auf das Papier malen.

WAS TRÄGT DER NIKOLAUS IN SEINEM SACK?

Merkspiel

Alter: ab 2 Jahren
Dauer: 15 Minuten

MATERIAL

- Bild vom Nikolaus
- eine Nikolausmütze
- ein kleiner Sack
- Fotokarten (Dinge, die man in einem Nikolaussack finden könnte: Nüsse, Schokolade u. Ä.)

Morgen kommt der Nikolaus

Die meisten Kinder werden den Nikolausbrauch bereits kennen. Sie stellen ihre geputzten Schuhe vor die Tür, damit der Nikolaus diese über Nacht füllt. Machen Sie mit den Kindern eine kleine Gesprächsrunde. Wer kennt den Nikolaus und seine Geschichte? Wie sieht der Nikolaus aus? Wer hat den Nikolaus schon mal gesehen?

Bodenbild

Legen Sie ein Bild vom Nikolaus und eine Nikolausmütze in die Kreismitte.

Das trägt der Nikolaus in seinem Sack

Nehmen Sie nun den Nikolaus-Sack in die Hand und spielen Sie mit den Kindern ein Merkspiel. Jedes Kind erhält eine Fotokarte mit Dingen, die im Nikolaussack sein könnten. Diese werden jetzt alle in den Nikolaussack gepackt. Ein Kind beginnt: „Der Nikolaus trägt einen Sack. Da hat er **Nüsse** eingepackt."
Das nächste Kind merkt sich, was schon im Sack ist und fügt hinzu, was es auf seiner Fotokarte sieht: „Der Nikolaus trägt einen Sack. Da hat er **Nüsse** und **Schokolade** eingepackt."

Einmal im Kreis

So geht es weiter, bis jedes Kind einmal dran war. Zur Unterstützung werden die Fotokarten in die Kreismitte gelegt. So können die Kinder schauen, was schon alles genannt wurde.

AUF DEM EWIGEN EIS

Alter: ab 3 Jahren
Dauer: je 15 Minuten

Bewegungsspiele

Eisschollenhüpfen

MATERIAL: Teppichfliesen, Mousepads oder ausgeschnittene Filz-Rechtecke (2 pro Kind), viele Kissen oder eine große Matte

Die Pinguine waren den ganzen Tag auf dem ewigen Eis unterwegs. Nun sind sie müde und wollen nur noch schlafen. Doch eine letzte Hürde müssen sie noch überwinden. Schaffen sie es, von Eisscholle zu Eisscholle zu hüpfen?

Legen Sie aus den Teppichfließen (alternativ: Mousepads oder ausgeschnittene Filz-Rechtecke) einen Parcours, sodass die Kinder als Pinguine von Fliese zu Fliese hüpfen können. Nun heißt es aufgepasst! Können die Pinguine das Meer überqueren, ohne von ihren Schollen – also den Teppichfliesen – runterzufallen? Legen Sie am Ende des Parcours eine Matte oder viele weiche Kissen bereit. Da können es sich die Pinguine am Ende bequem machen.

Eisschollenlauf

MATERIAL: Teppichfliesen, Mousepads oder ausgeschnittene Filz-Rechtecke (2 pro Kind), Wäscheklammern, Kiste oder Topf

Die Pinguine am Südpol sind richtig hungrig und wollen ein paar Fische fangen. Schaffen sie es, die gefangenen Fische auch zurück nach Hause zu bringen?

Legen Sie die Wäscheklammern auf die eine Seite des Raumes und die Kiste/den Topf auf die andere Seite. Jedes Kind bekommt zwei Teppichfliesen (alternativ: Mousepads oder ausgeschnittene Filz-Rechtecke) und stellt sich zu der Kiste/dem Topf.
Nun laufen die Kinder als Pinguine los und können sich nur noch auf ihren Eisschollen – also den Teppichfliesen – bewegen. Dabei bieten sich zwei Varianten an: Einmal können die Kinder schlittern, indem sie jeden Fuß auf eine Scholle stellen. Alternativ können sie sich auf eine Scholle stellen und die andere vor sich legen. Sie hüpfen auf die zweite Scholle und legen dann wieder die erste vor sich. Das machen sie so lange, bis sie die Fische – also die Wäscheklammern – erreicht haben.

Jedes Kind nimmt sich zwei Wäscheklammern und kehrt damit auf den zwei Eisschollen zurück zu der Kiste/dem Topf. Das Spiel ist zu Ende, wenn alle Fische im Topf sind.

SCHNEEFLOCKENTANZ

Alter: ab 1 Jahr
Dauer: 10 Minuten

Lied

Schneeflocke, Schneeflocke, tanz jetzt auf und ab,
Schneeflocke, Schneeflocke, fall zu mir herab.
Ich hebe meine Hände und fang dich damit ein.
Komm doch, ach komm doch, sei doch endlich mein.

Schneeflocke, Schneeflocke, komm auf meine Wange,
Schneeflocke, Schneeflocke, bleib dort bitte lange.
Ich hebe meine Hände und fang dich damit ein.
Komm doch, ach komm doch, sei doch endlich mein.

Schneeflocke, Schneeflocke, komm in meinen Mund,
Schneeflocke, Schneeflocke, du bist auch ganz gesund.
Ich hebe meine Hände und fang dich damit ein.
Komm doch, ach komm doch, sei doch endlich mein.

Schneeflocke, Schneeflocke, komm von deiner Reise,
Schneeflocke, Schneeflocke, auf meine Hand ganz leise.
Ich hebe meine Hände und fang dich damit ein.
Komm doch, ach komm doch, sei doch endlich mein.

Schneeflocke, Schneeflocke, halte dich warm und fest,
Schneeflocke, Schneeflocke, wie in einem Nest.
In meinen warmen Händen, da hältst du dich versteckt!
Doch schau ich herein – bist du auf einmal weg!

Melodie: Hänsel und Gretel

SCHNEEFLOCKEN AUS PERLEN

Alter: ab 2 Jahren
Dauer: 15 Minuten

Kreatividee

MATERIAL

- 3 Pfeifenputzer pro Kind
- große Perlen

Mit dieser Idee holen Sie den Winter ganz leicht in Ihre Krippe und jedes Kind erhält eine eigene Schneeflocke zum Bestaunen.

Vorbereitung
Bereiten Sie für die Kinder aus den Pfeifenputzern Sterne vor oder machen Sie dies mit jedem Kind in Einzelarbeit gemeinsam. Dafür erst zwei Pfeifenputzer über Kreuz aufeinanderlegen und umeinanderdrehen und dann so auseinanderziehen, dass sie ein Kreuz bilden. Den dritten Pfeifenputzer auf die Kreuzmitte legen und einmal um die anderen drehen, sodass ein kleiner Stern entsteht.

Meine Schneeflocke

Lassen Sie nun die Kinder darauf die Perlen einfädeln. Das Ende des Pfeifenputzers muss jeweils frei bleiben. Dieses zum Schluss umknicken, sodass die Perlen nicht runterrutschen.

HILFE FÜR DIE WINTERTIERE

Lied

Alter: ab 1 Jahr
Dauer: 10 Minuten

Igelchen, ich helfe dir,
kleines Bett, das bau ich dir.
Blatt und Moos, Blatt und Moos,
so wird dein Bett warm und groß.

Vögelchen, ich helfe dir,
bisschen Futter geb ich dir.
Korn und Kern, Korn und Kern,
leg ich dir ins Nestchen gern.

Eichhörnchen, ich helfe dir,
Nuss und Eichel schenk ich dir.
In dein Versteck, in dein Versteck,
such mal schnell, sonst ist sie weg.

Allen Tieren helfe ich,
für den Winter lege ich:
Futter hierhin, Futter dort,
für jedes Tier am richt'gen Ort.

Melodie: Brüderchen, komm tanz mit mir

SCHNEESPASS FÜR DIE SINNE

Wahrnehmungsspiel

Alter: ab 2,5 Jahren
Dauer: 15 Minuten

MATERIAL

- 800 g Speisestärke
- 300 g Rasierschaum
- ggf. etwas Glitzerpulver
- Löffel
- Gabeln
- kleine Schalen
- 1 große Schüssel

Schnee im Gruppenraum? Warum nicht! Stellen Sie mit den Kindern ganz einfach selbst Schnee her.

Schnee in der Schüssel

Mischen Sie die Speisestärke mit dem Rasierschaum in einer Schüssel. Das Mischverhältnis sollte in etwa zu zwei Teilen aus Speisestärke und zu einem Teil aus Rasierschaum bestehen. Geben Sie die Speisestärke peu à peu hinzu, um die gewollte Konsistenz zu erreichen. Den Rasierschaum vorher gut schütteln. Die Kinder können die Masse mit den Händen vermischen. Im Anschluss den künstlichen Schnee kurz ruhen lassen.

Schneetreiben

Jetz kann damit gespielt werden. Geben Sie den Kindern am besten auch Utensilien wie Löffel, Gabeln oder kleine Schüsseln. Damit können sie den Schnee umfüllen oder mit der Gabel zerdrücken.

SCHNEEBALLSCHLACHT IM WINTERWALD

Bewegungsgeschichte

Alter: ab 2 Jahren
Dauer: 15 Minuten

MATERIAL

- Wattebäusche

Wir machen heute einen Spaziergang in den Winterwald.
Auf der Stelle gehen.
Dort ist es bitter-, bitterkalt!
Auf der Stelle gehen, beide Oberarme reiben.

Zum Glück haben wir uns richtig warm angezogen.
Auf der Stelle gehen, beide Oberarme reiben.

Eine warme Hose für die Beine, eine warme Jacke für den Oberkörper, warme Schuhe an den Füßen, eine warme Mütze für den Kopf, einen warmen Schal für den Hals und warme Handschuhe für die Hände.
Auf die genannten Körperteile zeigen.

Wir pusten uns noch einmal die Hände warm und dann geht's los in den schönen Winterwald.
Auf der Stelle gehen, in die Hände pusten.

Es hat heute Nacht geschneit und der Boden ist mit Schnee bedeckt. Wir müssen richtig stampfen, um weiterzukommen.
Auf der Stelle stampfen.

Die Bäume sind ganz schön eng aneinandergewachsen! Da müssen wir uns ganz lang machen, um durchzupassen.
Auf der Stelle gehen, dabei ganz lang strecken.

Und die Äste sind mit Schnee bedeckt und hängen tief runter. Wir gehen in die Hocke und laufen weiter, unter den Ästen durch.
In die Hocke gehen, auf der Stelle weiterlaufen.

Oh nein: Jetzt steht ein dicker Baumstamm im Weg! Über den müssen wir auch drübersteigen!
Aufstehen und einen großen Schritt nach vorne machen, dann weiter auf der Stelle gehen.

Endlich finden wir eine große Lichtung im schönen Winterwald: Es ist Zeit für eine Schneeballschlacht. Alle Kinder schnappen sich einen Schneeball und werfen ihn, so weit sie können.
Wattebäusche nehmen, immer wieder in die Luft werfen.

Und so geht's

Legen Sie viele Wattebäusche in die Kreismitte – das sind die Schneebälle. Es ist nicht schlimm, wenn die Kinder zwischendurch immer wieder mit den Wattebäuschen spielen, dies würde auf einem echten Winterwald-Spaziergang mit Schnee auch passieren.

IM WINTER IST ES BITTERKALT

Alter: ab 1 Jahr
Dauer: 10 Minuten

Lied

Im Winter ist es draußen bitterkalt
und alle Tiere dort im dunklen Winterwald:
Die haben so Hunger und sie frieren halt,
alle Tiere in dem Winterwald.

Alles ist mit Schnee und Eis bedeckt
und Eichhörnchen haben ihre Nüsse versteckt.
So manch eine haben sie schon entdeckt:
Alles ist mit Schnee und Eis bedeckt.

Alle Igel liegen warm im Nest,
sind eingeschlafen schon so richtig tief und fest.
Drum ist es gut, wenn du sie in Ruhe lässt.
Alle Igel liegen warm im Nest.

Kleine Vögel picken hier und dort,
bleiben hier im Winter, fliegen gar nicht fort.
Drum leg auch du ein Körnchen an jeden Ort:
Kleine Vögel picken hier und dort.

Melodie: Drei Chinesen mit dem Kontrabass

EIN ANHÄNGER FÜR DEN TANNENBAUM

Kreatividee

Alter: ab 2 Jahren
Dauer: 15 Minuten
(ohne Wartezeit)

ZUTATEN

- 1 ½ Tassen Mehl
- ¾ Tasse Salz
- ¾ Tasse Wasser
- *Außerdem*: Plätzchenformen, 1 Schüssel, 1 Spieß, Fingerfarben, 1 Stück Faden pro Kind

Die Weihnachtszeit ist voll mit Überraschungen und kleinen Basteleien. Bereiten Sie mit den Kindern gemeinsam kleine Deko-Anhänger für den Tannenbaum vor.

Freu mich auf die Weihnachtszeit,
mach mich schon dafür bereit.
Zimmer schmücken, Plätzchen backen,
Geschenke basteln, Nüsse knacken.
Und für meinen schönen Baum,
ein Sternchen so fein, das glaubst du kaum!
Sternchen leuchte mit hellem Schein,
auf meinem Tannenbaum so fein!

Vorbereitung
Mischen Sie gemeinsam mit den Kindern alle Zutaten in einer Schüssel. Die Kinder können so lange kneten, bis ein weicher Teig entsteht. Geben Sie, falls nötig, noch etwas Wasser hinzu.

Förmchen stechen
Der fertige Teig wird zentimeterdick ausgerollt und mit Backförmchen ausgestochen. Stechen Sie in den oberen Rand mit einem Spieß ein kleines Loch.

Ab in den Ofen
Lassen Sie die Anhänger bei 50° C im Ofen trocknen. Versüßen Sie die Wartezeit, indem Sie den Kindern den Reim im Kasten vorlesen. Anschließend können die Kinder die Anhänger mit Fingerfarben bunt bemalen.

Um sie später am Tannenbaum befestigen zu können, wird durch das Loch am oberen Rand ein Stück Faden gezogen.

ES IST WINTERZEIT

Klanglied

Alter: ab 2 Jahren
Dauer: 15 Minuten

MATERIAL

* verschiedene Orff-Instrumente

Es wird jetzt draußen richtig kalt,
der Winter zieht ins Land nun bald.
Und alle Kinder rufen laut:

Refrain
Es ist jetzt Winterzeit,
es ist jetzt Winterzeit,
der Winter ist nun endlich da!
Es ist jetzt Winterzeit,
es ist jetzt Winterzeit,
der Winter ist nun endlich da!

Und viele Vögel sind schon fort,
an einem richtig warmen Ort.
Und alle Kinder rufen laut:

Refrain

Schneeflocken decken Haus und Baum,
man sieht vor Schnee die Erde kaum.
Und alle Kinder rufen laut:

Refrain

Der Wind, der braust und stürmt umher,
das mag ich am Winter sehr.
Und alle Kinder rufen laut:

Refrain

Melodie: Die Affen rasen durch den Wald

Und so geht's

Zeigen Sie den Kindern die Orff-Instrumente und lassen Sie sie ausprobieren. Wie klingen die Instrumente? Singen Sie gemeinsam das Lied. Immer im Refrain können die Kinder nach Herzenslust mit den Instrumenten musizieren. Da der Refrain sich stets wiederholt, ist er für die Kinder leicht zu merken. So können sie sich ganz auf den Einsatz ihrer Instrumente konzentrieren.

In dieser Reihe sind bereits erschienen:

Alle meine Sinne
Die schönsten Wahrnehmungs-spiele für Krippenkinder
ISBN: 978-3-96046-087-9

Die besten Bewegungs-spiele für Krippenkinder
ISBN: 978-3-96046-088-6

Die schönsten Rituale für Krippenkinder
ISBN: 978-3-96046-172-2

Die schönsten Fingerspiele & Bewegungsreime für Krippenkinder
ISBN: 978-3-96046-090-9

Die schönsten Geschichten-säckchen für Krippenkinder
ISBN: 978-3-96046-207-1

Klett Kita